AF313723

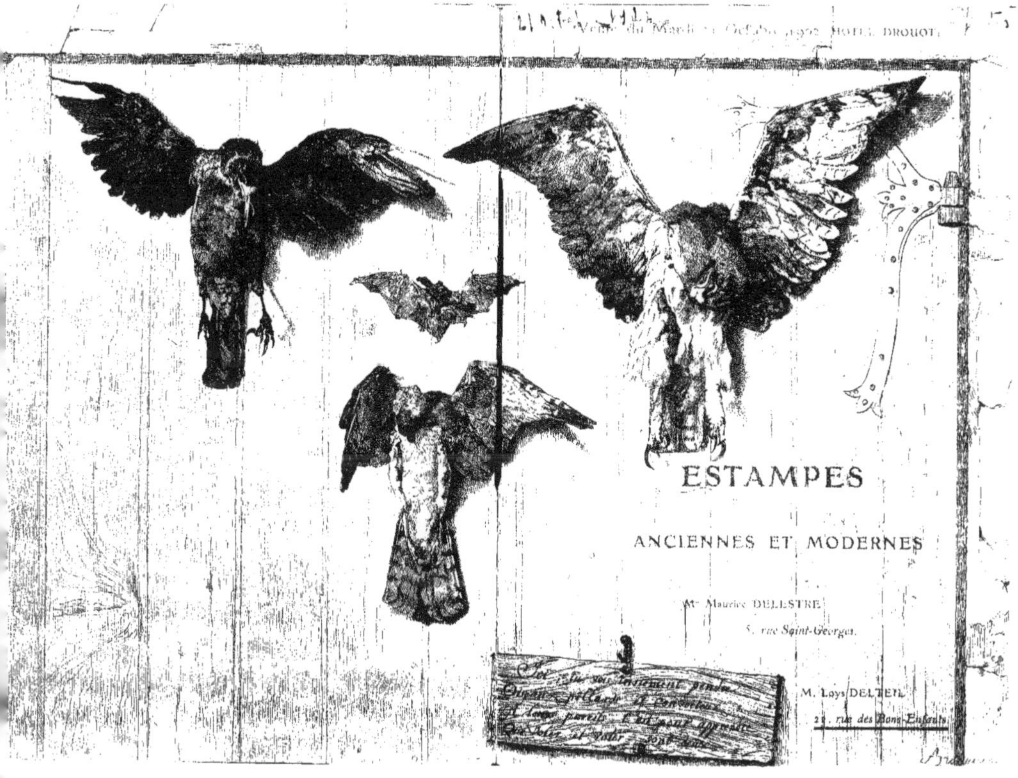

CATALOGUE

D'ESTAMPES

Anciennes

des XVIe et XVIIe Siècle

ÉCOLE FRANÇAISE DU XVIIIe SIÈCLE

Eaux-fortes Modernes
et Lithographies

ESTAMPES EN LOTS

Dont la vente aura lieu à Paris

HOTEL DROUOT, Salle N° 8

Le Mardi 21 Octobre 1902, à 2 heures précises

Par le Ministère de Me MAURICE DELESTRE, Commissaire-Priseur
5, rue Saint-Georges.

Assisté de M. LOYS DELTEIL, Artiste-Graveur Expert
22, rue des Bons-Enfants.

EXEMPLAIRE D'ALFRED BEURDELEY

CONDITIONS DE LA VENTE

Elle sera faite au comptant.

Les acquéreurs paieront *dix pour cent* en sus des prix d'adjudication.

M. Loys Delteil remplira les commissions que voudront bien lui confier les amateurs ne pouvant y assister ; il se réserve, en outre, la faculté de diviser ou de rassembler les lots.

MM. les amateurs pourront visiter la collection, *22, rue des Bons-Enfants*, du *Jeudi 16 Octobre au lundi 20*, de 10 heures à 4 heures, le *Dimanche excepté*.

DÉSIGNATION

Adresses & Curiosités

1. — Adresses de Papetiers, Imprimeurs, Artistes, etc., de la fin du XVIIIᵉ siècle et de la 1ʳᵉ moitié du XIXᵉ. Environ soixante pièces, plusieurs rares.

2. — La Charte des Dames — Les Saints Simoniens — Les Ages de la vie — Les Osages, etc. Quarante-quatre petites pièces pour *dessus de boîte*, tirées sur dix feuilles. Très belles épreuves *coloriées*.

Aubert, Descamps et Vanloo (d'après)

3. — Le Billet doux — Le Négociant — Lecture Espagnole. Trois pièces par Duflos, Le Bas et Corbutt, Belles épreuves.

Audran (Benoît Iᵉʳ)

4. — Le médaillon de Louis XIV soutenu par une Femme symbolisant les Arts, d'après A. Coypel. 1714. Jolie petite pièce fort rare. Très belle épreuve.

Baudouin (d'après P. A.)

5. — Les Amants surpris, par P. P. Choffard (E. B. 3).
Belle épreuve.

6. — Les Amours champêtres, par P. P. Choffard
(E. B. 7). Très belle épreuve, sans marges.

7. — Les Cerises, par N. Ponce (E. B. 13). Belle et ancienne épreuve.

8. — *Jusques dans la moindre chose*, par L. J. Masque-
lier (E. B. 27). Belle épreuve.

9. — Marton, par N. Ponce (E. B. 31). Épreuve ancienne
(déchirure).

Beham (H. S.)

10. — Le Porte-enseigne et le Tambour (B. 199). Belle
épreuve.

11. — La Passion de Jésus-Christ (B. 86 à 89 des Bois) —
Ste-Famille sous un arbre (123). Cinq pièces. Belles épreuves.

Bella (Stefano della)

12. — Château St-Ange — Marines — Paysages. Vingt-
et-une pièces. Belles épreuves.

Benard (d'après)

13. — Le Bénédicité — La Batteuse de beurre — La
Ménagère — La Nourrice qui ramène l'Enfant —
La Nourrice qui remue l'Enfant. Cinq pièces in-
fol., par Cl. Duflos. Belles épreuves.

Berghem (Nicolas)

14. — La Vache qui s'abreuve (B. 1). In-fol. Très belle
épreuve.

Boilvin, Flameng, Le Rat

15. — La Toilette, d'après L. Boilly — Mme Pasca, d'après
L. Bonnat — Au Coin du feu, d'ap. Menzel. Très
belles épreuves *avant la lettre*, deux sur japon.

Bonvin, Burney, Goeneutte

16. — Suite de dix Eaux-fortes, par Bonvin — Mgr de Ségur, par Burney, d'après Gaillard, *avant la lettre* — Femme assise sur un banc. Douze pièces sur japon.

Bodmer (Karl)

17. — Animaux divers (Loys Delteil 1 à 12). Suite de douze eaux-fortes moins les nᵒˢ 5 et 9, soit dix pièces. Très belles épreuves sur chine à toutes marges (sauf une), deux *avant le nᵒ*.

18. — Intérieur de Forêt (L. D. 87) — Quatre Biches et un faon à la reposée (88) — Le Bord du ruisseau, *non décrit* — Canards (92). Quatre lithographies. Très belles épreuves sur chine.

Boucher, Coypel & Greuze (d'après)

19. — La Petite Fermière — Les Plaisirs de la pêche — Le petit Néapolitain — *Chantés berger...*, etc. Six pièces par Duflos, Beauvarlet, Ingouf et Botet. Belles épreuves, trois sans marges.

Bracquemond (Félix)

20. — Erasme, d'après Holbein, 1863 (H. B. 39). Très belle épreuve du 3ᵉ état, de toute rareté, *avant* un grand nombre de travaux et *avec la ligne blanche* sous le velours.

21. — Le Haut d'un battant de porte, 1852 (H. B. 110). Très belle et rare épreuve *avant le changement* dans la date, l'adresse et le titre, sur chine.

22. — Hiver ou le Loup dans la neige (H. B. 180). Deux très belles épreuves dont une du 2ᵉ état, fort rare, *avec de nombreuses retouches au crayon et à l'encre de chine, par l'artiste.*

Bracquemond, Corot, Manet

23 — Promenade Vénitienne, d'ap. Bonington — La Servante, d'après Leys — Sarcelles — Th. Gautier Environs de Rome — La Convalescente. Sept pièces. Belles épreuves, la première avant la lettre.

Brunet-Debaines (A.)

24. — Hôtel-Dieu, derniers vestiges du pont St-Charles, 1872 (H. B. 13). In-fol. Très belle épreuve sur chine.

Buhot (Félix)

25. — Le Retour des Artistes, 1877 (G. B. 125). Très belle épreuve tirée sur papier ancien et timbrée.

Callot (Jacques)

26. — La Noblesse (M. 673-684). Suite de douze pièces (incomplète de 2 pl.) soit dix pièces. Belles épreuves du 1er état.

Caricatures

27. — Acteurs — Caricatures politiques — Mayeux. Treize pièces coloriées, par H. Monnier, Traviès et Ch. de S.

28. — Caricatures anglaises sur Napoléon Ier. Seize pièces dessinées par J. Gillray. Très belles épreuves, coloriées.

29. -- Caricatures politiques — Scènes de Mœurs. Vingt-et-une pièces par Ch. Philipon, Traviès, Cornille, plusieurs coloriées.

30. — Caricatures — Scènes de Mœurs. Quarante-neuf lithographies par Charlet, Monnier, Devéria, Johamot, Pigal et autres pour la *Silhouette*, la plupart en belles épreuves à toutes marges, certaines coloriées (plusieurs pl. déchirées).

Carmontelle (d'après L. C. de)

31. — La Malheureuse famille Calas, par Delafosse. In-fol. Très belle épreuve.

Carrière (Eugène)

32. — Profil de Femme. Lithographie in-fol. Très belle épreuve sur chine.

33. — Tête de Fillette, de face. Lithographie in-fol. Très belle épreuve sur chine volant.

Chauvel (Théophile)

34. — Lisière de bois, d'apr. Th. Rousseau (Loys Delteil 110-2e état) — L'Abreuvoir, d'après Troyon (111-2e état). Deux lithographies. Très belles épreuves sur chine.

Cokolobé (Nemrod)

35. – – Scènes populaires Russes. Huit chromo-lithographies in-fol., montées.

CUIVRES GRAVÉS

Varin (Pierre-Adolphe)

36. — Collection de quarante portraits d'artistes du XVIIIe siècle, pouvant servir à illustrer *L'Art du XVIIIe siècle*, des Goncourt, *Les Dessinateurs d'illustrations*, du Baron Portalis, les *Graveurs* du XVIIIe siècle, de Portalis et Beraldi et diverses monographies.

Parmi ces portraits citons ceux de Baléchou, Bartolozzi, Boucher, Cars, Choffard, Debucourt, Eisen, Fragonard, Gaucher, Janinet, M. Lecomte, de Marcenay, Moreau le jeune, A. de St-Aubin, Watteau, etc.

Quarante cuivres in-8° accompagnés de deux mille sept cent soixante épreuves.

Porreau, Varin & autres

37. — Collection de portraits inédits ou rares de personnages célèbres publiés par Vignères. PORTRAITS DE FEMMES : Aïssé (Mlle), 82 épreuves — Albany (C[sse] d'), 41 ép. — Beauharnais (C[sse] de), 52 ép. — Blanchard (Mme), 11 ép. — Bourbon (El. de), 108 ép. — Cayla (du), 54 ép. — Charolais (L.-A. de), 21 ép. — Conti (Diane, P[sse] de), 120 ép. — Corisande (la belle), 136 ép. — Devienne (Mlle), 22 ép. — Du-

barry (Mme), ép. — Garnerin (Elisa), 31 ép. — Guimard (Mlle), 35 ép. — Holbach (B^nne d'), 105 ép. — Lamballe (P^sse de), 5 ép. — Lavallière, 35 ép. — — Lenormand, 66 ép. — Mézerai (Mlle), 30 ép. — Polignac (D^sse de), 40 ép. — Pompadour, ép. — Récamier (Mme), 29 ép. — Tallien (Mme), 22 ép.
Ensemble *vingt-deux* cuivres et mille épreuves.

38. — SAVANTS, ÉCRIVAINS, ARTISTES : Aubigné (Th. d'), 65 épr. — Bièvre (Mis de), 25 ép. — Bonjour (C.), 31 ép. — Bossut, 40 ép. — Brazier, 28 ép. — Clouet, 22 ép. — Cubières, 59 ép. — Debureau, 61 ép. — Droz (J.), 91 ép. — Duchesne aîné, 53 ép. — Empis, 37 ép. — Épagny (d'), 26 ép. — Fiévée, 20 ép. — Garnerin, 40 ép. — Geoffroy, 19 ép. — Gouffé, 26 ép. — Jouffroy, 41 ép. — Jousselin de Lasalle, 41 ép. — Kant, 24 ép. — La Calprenède. 47 ép. — Laterrade, 76 ép. — Maréchal (S.), 74 ép. — Martin(Aimé) 24 ép. — Mazères, 2 p^tes, 50 ép, — Mesmer, 36 ép. — Persuis, 12 ép. — Philidor, 25 ép. — Pilon (G.), 28 ép. — Pixéricourt, 29 ép. — de Pongerville, 24 ép. — Saint-Prix, 38 ép. — de Tocqueville, 81 ép. — Vatout, 44 ép. — de Vèze, 12 ép. — Vigée, 33 ép.
Ensemble *trente-six* cuivres et treize cents épreuves.

39. — RÉVOLUTION DE 1789 : Babeuf, 79 ép. — Barère de Vieuzac, 75 ép. — Brissot, 45 ép. — C. Cochon, 10 ép. — Defermont, 55 ép. — Dillon, 59 ép. — Drouet, 39 ép. — R. Ducos, 40 ép. — Fabre de l'Aude, 24 ép. — Fréron, 22 ép. — Genlis, 40 ép. — Lecointre, 85 ép. — Lindet, 15 ép. — Mailhe, 17 ép. — Marat, 18 ép. — Petiet, 18 ép. — Ramel, 30 ép. — Réveillère-Lepeaux, 39 ép. — Rommé, 12 ép. — Rouget de l'Isle, 33 ép. — Treilhard, 16 ép. — Tronson du Coudray, 50 ép. — Westerman, 60 ép. — Saint-Huruge, 50 ép. — Vadier, 55 ép.
Ensemble *vingt-cinq* cuivres et neuf cent quarante épreuves.

40. — PERSONNAGES DIVERS : Amoros, 25 ép. — Argout (d'), 25 ép. — Berruyer, 29 ép. — Bertrand de Motteville, 40 ép. — Beugnot, 30 ép. — Borghèse, 4 ép. — Bourbon-Condé (L. de), 70 ép. — Canclaux

(de), 50 ép. — Cartouche, 65 ép. — Donadieu,
24 ép. — Elie de Beaumont, 30 ép. — Frochot,
18 ép. — Gaëte (duc de), 23 ép. — Godoï, 14 ép.
— Harlay, 80 ép. — Jones, 10 ép. — Lainé, 40 ép.
— Lucotte, 20 ép. — Maine (duc du), 45 ép. —
Montpensier (duc de), 65 ép. — Vaudreuil (Mis de),
   ép. — Mandrin, 55 ép.
   Ensemble *vingt-trois* cuivres et **sept cent cinquante épreuves.**

Daumier (Honoré)

41. — Les Beaux jours de la vie. Suite complète de cent
planches tirées à part, en 1 vol. in-4°, cart. d'édi-
tion. Très belles épreuves.

42. — Monseigneur s'ils persistent nous mettrons Paris
en état de siège. Très belle épreuve coloriée. Rare.

43. — Argout (d'), en pied — Rentiers des bons royaux
— 1830, 1833 — Le Cauchemar — Chimère de
l'Imagination — Choiseul (duc de). Sept pièces.
Belles épreuves, une *avant la lettre*.

44 — Représentants représentés : Luneau — Duvergier
de Hauranne — Schœlcher — Rateau — Besnard.
—Degousée. Six lithographies. Très belles et *très
rares* épreuves *avant la lettre*.

45. — Représentants représentés : Considérant (V.) —
Estancelin — La Rochejacquelein — Remilly —
Charles Dupin — Bugeaud — Passy — Vésin —
Coquerel, etc. Dix-sept pièces, tirage à part.
Belles épreuves, quatre coloriées.

46. — Types Français — Mœurs Conjugales — Types
Parisiens — Emotions Parisiennes — Les Baigneurs
— Paris l'été — Actualités, etc. Vingt pièces. Très
belles épreuves, sept coloriées.

47. — Robert-Macaire — Baigneuses — Flibustiers parisiens — Bons bourgeois — Aux Courses — Bas
Bleus — La Chasse — Actualités, etc. Vingt-quatre
pièces. Belles épreuves, treize coloriées.

48. — Robert-Macaire — Bas Bleus — Types Français —
Mœurs conjugales — Canichomanes — Actualités
etc. Vingt-cinq pièces. Belles épreuves, onze
coloriées.

49. — Robert-Macaire — Croquis d'expressions — Types parisiens — Public du Salon — Tout ce qu'on voudra, etc. Vingt-cinq pièces. Belles épreuves, sept coloriées.

50. — Mœurs conjugales — Actualités — Philantropes de Jour — Types Parisiens, etc. Vingt-cinq pièces. Belles épreuves.

Delacroix (Eugène)

51. — Lionne déchirant de ses ongles la poitrine d'un arabe (Ad. M. 17). Très belle et très rare épreuve du 1er État, sur chine.

Desplaces (Louis)

52. — Duclos (Mlle), dans le rôle d'*Arianne*, d'après N. De Largillière (D. 382). Superbe épreuve.

Desrais (d'après) ?

53. — Les Amants heureux — A bon chat bon rat — Le Retour de la chasse. Trois pièces in-4 publiées par Martinet et Crépy. Belles épreuves.

Divers

54. — Sujets divers — Costumes — Animaux. Dix sept pièces par A. Bosse, Sarrabat, Callot, Fragonard, Goya, etc. Belles épreuves.

55. — Scènes de mœurs, deux lith. d'Ed. de Beaumont, retouchés à la plume et rehaussées de sanguine et de gouache — Scène de genre, par A. Devéria — Le Foyer, par Gavarni — Joueurs de cartes, par Lavoignat d'après Meissonier, etc. Dix pièces.

56. — Sujets religieux — Allégories. Trente pièces anciennes par divers artistes.

Dorgez

57. — *Le Trésor des Devinations ou le Porte-Feuille de Jérome Sharp.* Frontispice et suite de six petites vignettes imprimées sur deux feuilles. Rare.

Drevet (Pierre-Imbert)

58. — Jésus au mont des Oliviers, d'après Restout
(D. 7). In-fol. Très belle épreuve du 3e état.

Dumenil, Bardon & Benard (d'après)

59. — La Cuisinière — La Naissance — Le Gage de
l'Amitié. Trois pièces par Duflos, Baléchou et
Danzel. Belles épreuves.

Duplessis-Bertaux (Joseph)

60. — Batailles de la République et de l'Empire, d'après
Carle Vernet. Seize pièces *avant la lettre,* sauf
une. Très belles épreuves à toutes marges.

Durer (Albert)

61. — La Vie de la Vierge (B. 77-95). Suite complète,
moins le titre (La Vierge assise sur un Croissant),
soit dix-neuf pièces. Belles et anciennes épreuves,
doublées sauf une qui porte le texte au verso.

62. — La Vierge couronnée par les Anges, 1518 (B. 101
des Bois). Très belle épreuve.

63. — St Jérome dans une grotte (B. 113). Très belle
épreuve du 2e état, la date *1512* enlevée (Pass.).

64. — Le Jugement Universel (B. 124). Très belle
épreuve.

65. — La Décollation de St Jean-Baptiste, 1510 (B. 125)
— Hérodiade recevant la tête de Saint Jean-Baptiste,
1511 (126). Deux estampes faisant pendants. Très
belles épreuves.

66. — Varnbuler (Ulric), 1522 (B. 155). Epreuve ancienne
de la planche noire seule (doublée). Rare.

Eaux-fortes modernes

67. — ALBUM DE LA GAZETTE DES BEAUX-ARTS, cinquante
estampes par F. Gaillard, (La tête de Cire, Le Cré-
puscule), Rajon, Boilvin, Le Rat, Waltner, Fla-
meng, Jacquemart, etc., d'après divers maîtres.
Très belles épreuves sur chine, dans le cartonnage
de publication.

68. — Sujets divers et Paysages. Dix eaux fortes par
Marilhat, Lalanne, Ribot, L. Legrand, Béjot,
Ranft. Belles épreuves.

69. — Sujets divers — Paysages — Fleurs. Quatorze
pièces par Daubigny, Jeanron, Bonvin, J. L. Brown,
Alb. Besnard, Ch. Jacque. Belles épreuves.

Ecole Ancienne

70. — Sujets religieux — Scènes mythologiques —
Allégories. Onze pièces par J. Bonasone, H. Cock
et autres.

71. — Sujets religieux et Mythologiques — Allégories.
Dix sept pièces par Aug. Vénitien, J. Bonasone et
autres, plusieurs en très belles épreuves.

72. — Sujets religieux et mythologiques — Allégories
Dix-huit pièces, la plupart par les graveurs de
l'Ecole de Marc-Antoine.

73. — Sujets religieux et mythologiques — Allégories.
Vingt-et-une pièces des xvie et xviie siècles,
plusieurs rares.

Ecole Française (xviiie siècle)

74. — Le poète Anacréon — Le Bonheur du Ménage —
La Félicité villageoise — L'abus de la Crédulité.
Quatre pièces d'après Freudeberg. Baudouin, Le
Prince et Aubry, par N. Delaunay, deux en tirage
postérieur.

75. — La Coquette, par Lépicié, d'après Coypel — *The
Messiah*, par Gardiner, d'apr. Harding, 1787 —
Egalité — Liberté. Quatre pièces. Belles épreuves.

76. — Les Epoux curieux — La petite Jalouse — La
Coquette — La Jeune nourrice — Le Cocu battu et
content — L'Horoscope accomplie, etc. Neuf
pièces d'après Fragonard, Freudeberg, Greuze,
Jeaurat et Santerre. Belles épreuves.

77. — Le Baiser donné — Le Baiser rendu — Bal de May
— Rue d'un camp — La Coiffeuse, etc., Neuf
pièces d'après Pater, Jeaurat, Boucher et autres.

78. — La Jeune aubergiste — Le Bain des villageoises — Danse à l'Italienne — La Tourterelle, etc. Dix pièces d'apr. Le Clerc, Parrocel, Le Peintre et autres, par Le Bas, Surugue, etc.

79. — Déménagement d'un peintre — Heureux âge… — Fêtes Vénitiennes — Le Fiacre — Danse Villageoise — Le Mariage rompu, etc. Onze pièces d'après Jeaurat, Watteau, Borel etc. Anciennes épreuves.

80. — La Ménagère — La Mère trop rigide — Le Savoyard — Le Printemps — l'Hiver, etc. Treize pièces d'après Boucher, Chardin, Pierre, etc.

Edelinck (Gérard)

81. — Graaff (Renier de), médecin hollandais, d'après H. Watelé (R. D. 219). Très belle et fort rare épreuve d'un 1er état *non décrit, avant la lettre.*

Eisen (d'après Ch.)

82. — L'Accord de Mariage — Le Bouquet. Deux pièces par R. Gaillard. Bonnes épreuves.

Fantin (H.)

83. — Scène première du Rheingold (G. H. 8). Très belle et rare épreuve du 2e état, tirée sur papier *verdatre.*

84. — Chasseresse (G. H. 103). Très belle épreuve sur chine fixé.

85. — A Berlioz, petite planche (G. H. 120). Très belle et très rare épreuve du 2e état (tiré à 7 ou 8 épreves).

86. — Les Brodeuses, 2e et 3e planches (G. Hédiard 123 et 143). Très belles épreuves sur chine.

87. — Eve, 1896 (G. H. 126). Très belle épreuve sur chine volant.

88. — Pastorale (G. H. 127). Très belle et rare épreuve du 2e état, sur chine volant.

89. — Baigneuses, 3e grande planche (G. H. 128). Très belle et rare épreuve du 2e état, sur chine volant.

90. — La Leçon de dessin, 1879. Procédé. Belle épreuve.

Fêtes, Cérémonies, &.

91. — Vue de l'*Oude-Zyds-heeren*, à Amsterdam et manière de vendre des Tableaux — Le Vaisseau lancé dans le Port de Rochefort, 1751 — L'Empire du Cœur — Procession, Arc-de-triomphe, etc. Quatorze pièces anciennes.

Ficquet (Etienne)

92. — Les quatre Appelans (P. de la Broue — Soanin — C. J. Colbert — P. de Langle) — J. de La Fontaine (pour les Fables) — Cervantès. Trois pièces. Belles épreuves.

Flameng-Courtry, H^tte Browne

93. — Lenoir (Mme) — Intérieur, d'apr. P. de Hooch — La Confession, d'après Bida. Trois pièces in-fol. Très belles épreuves sur chine.

Fragonard (d'après H.)

94. — Les Baignets, par N. De Launay. Très belle épreuve à grandes marges.

95. — Le petit Montreur d'ours, par l'abbé de Saint-Non. Belle épreuve. Rare.

96. — Le Petit Prédicateur — L'Education fait tout. Deux pièces par N. De Launay, faisant pendants. Belles épreuves, la 1re de tirage postérieur.

97. — Dites donc, s'il vous plait — La Cachette découverte — L'Heureuse fécondité. Trois pièces par N. et R. De Launay, deux en tirage postérieur.

Goltzius (Henri)

98. — Les principaux dieux Grecs, d'après Polydore de Caravage (B. 249-256). Suite complète de huit pièces. Superbes épreuves.

99. — la même suite. Belles épreuves.

Goncourt (Jules de)

100. — Vénus au bain, d'après Boucher — Tête de jeune Femme, d'après La Tour. Deux pièces. Très belle épreuves.

Greuze (d'après J. B.)

101. — Le donneur de Sérénade, par P.-E. Moitte. In-fol. Très belle épreuve,

102. — La Fillette au Chien, par P.-C. Ingouf. In-4. Superbe épreuve. grandes marges.

103. — Le Petit frère — La Petite sœur — La petite Nanette — La Fillette au capucin. Quatre pièces par Lucien, Beljambe et P.-C. Ingouf. Très belles épreuves, deux tirées en sanguine.

104. — Le doux regard de Colin — Le doux regard de Colette — La Fleuriste — La petite Sœur — La petite Mère — La Poésie, Six pièces par F,-A. Moitte, Dennel et Hauer. Belles épreuves.

Grun (Hans Baldung)

105. — Le corps mort de Jésus-Christ transporté dans le ciel (R. D. 43). Très belle épreuve sur papier au *P gothique.*

Guérin (Pierre Narcisse)

106. — Le Paresseux — Le Vigilant. Deux lithographies rares. Très belles épreuves.

Guyot (L.)

107. — Scènes de l'Histoire de Paul et Virginie, d'après Dutailly. Quatre petits sujets ronds gravés sur deux planches. Très belles épreuves *imprimées en couleurs.*

Henriquel-Dupont (L. P.)

108. — Taylor (le baron). In-4. Très belle épreuve *avant toute lettre,* sur chine.

Hervier (Adolphe)

109. — Environs de Caen — Une barque à marée basse — Petit canot de St-Valery. Trois eaux-fortes in-fol. Très belles épreuves.

Huet (d'après J. B.)

110. — La Feinte résistance — Le Serpent sous les fleurs. Deux pièces par Patas et Godefroy, faisant pendants.

Huet (Paul)

111. — Les Six grands paysages, 1835 (H. B. 58-64). Couverture et planches 1, 2, 3, 5 et 6. Très belles épreuves du 1ᵉʳ tirage, sur chine (marges fatiguées).

Jackson (Jean-Baptiste)

112. — La Pentecôte, d'après Titien. Camaïeu in-fol, Très belle épreuve.

Jacque (Ch.) et Daubigny

112 bis. — La Souricière — L'Etang aux cigognes. Deux pièces. Belles épreuves.

Jacquemart (Jules)

113. — Souvenirs de voyage — Reliquaire 1865. Deux pièces in-fol. Belles épreuves *avant la lettre*.

Jacquemart, Guérard, Lalanne, etc.

114. — Sujets divers et Portraits. Onze pièces par Jacquemart, Guérard, Lalanne, Gaujean, Unger, Didier, d'apr. Botticelli, Hals, Francia, Prudhon, etc. Belles épreuves, sept avant la lettre.

Jeaurat (d'après E.)

115. — L'Eplucheuse de salade, par J. Beauvarlet. Très belle épreuve

Jongkind (J. Barthold)

116. — Vue de la ville de Maaslins — Vue du port au chemin de fer à Honfleur. Deux eaux-fortes in-fol. Très belles épreuves, toutes marges.

Kerkhove (Frédéric van de)

117. — Cent eaux-fortes, d'après F. van de Kerkhove, *l'Enfant de Bruges, mort à l'age de 10 ans*, par Jean van de Kerkhove père. Paris. A. Lévy 1877. Notice et cent eaux-fortes, cart. de publ.

Lancret (d'après N.)

118. — Les quatre Heures du Jour, par N. De Larmessin. Suite complète de quatre pièces en largeur.

119. — Nicaise — Le Jeu des quatre coins — Le Jeu de cache-cache mitoulas — Les deux Amis — Le Faucon. Sept pièces par de Larmessin. Epreuves anciennes.

Lavreince (d'après Nicolas)

120. — Ecole de Danse, par Dequevauviller (E. B. 22). Très belle épreuve (la marge du haut, remontée),

121. — Le Billet doux — Qu'en dit l'abbé. Deux pièces par N. De Launay, faisant pendants. Epreuves anciennes, coupées à mi-hauteur de la composition.

Le Bas (J. Phil.)

122. — L'Amant aimé — Le temp mal employé — Pierrot et sa progéniture. Trois pièces in-4. Belles épreuves.

Le Clerc (Sébastien)

123. — Partie de l'œuvre de Sébastien Le Clerc renfermant entre autres estampes : Carte particulière des environs de Paris, en 3 pl. — Les quatre Conquêtes (Tournay, Douai, etc.), sup. épreuves — Construction du Louvre — Portrait du Maréchal de La Ferté. rare (épr. de la coll. Camberlyn) — Bataille de Cassel, de Marsal en Lorraine — Louis XIV au Museum — La Harpe mystérieuse Arc de triomphe du fg St-Antoine — Histoire des Animaux — Histoire des Antilles — Profil de la ville de Metz — La Grande destruction de Lustucru — Les Actions du Prestre à la S. Messe — Tragédies de Racine — Portrait de M. Le Tellier — Figures de Modes — Vignettes — Armoiries — Lettres ornées, etc. Ensemble neuf cent soixante-dix pièces, la plupart en belles épreuves, quelques-unes très rares.

Legros (Alphonse)

124. — Mionnet (F.), ami de Legros (Th. et P.-M. 8). Pointe sèche. Très belles épreuve. Fort rare.

125. — Poulet-Malassis (A.), éditeur et homme de lettres (Th. et P.-M. 9). Pointe sèche. Très belle épreuve avec la dédicace suivante : *à son confrère Delatre, Malassis*, d'un portrait de *toute rareté* tiré à douze épreuves seulement.

126. — Hugo (Victor) (Th. et P.-M. 12). Très belle épreuve
Rare.

Levachez

127. — Deuxième suite de chevaux, pl. 19, 20, 22 et 24,
d'après C. et H. Vernet. Très belles épreuves, coloriées, à toutes marges.

Leyde (Lucas Demetz, dit Lucas de)

128. — St-Joachim et Ste-Anne (B. 34) — La Visitation
(36). Deux pièces. Belles épreuves.

Lunaud (d'après)

129. — Les Dons de l'Eté — Les Fruits de l'Automne.
Deux pièces par Le Beau. Belles épreuves.

Martin (Hector), Dupré (Jules), Michelin (J.)

130. — Métairie Bourbonnaise — Sur le Midi — Pacages
du Limousin — Vues de Flandres. Six pièces.
Belle épreuves, quatre sur chine.

Meissonier (Ernest)

130 bis. — Le Sergent rapporteur (H. B. 14). Très belle
épreuve sur chine.

Millet (J.-F.)

130 ter. — Femme faisant manger son enfant, 1861 (H.B.18).
Très belle épreuve *avant la lettre*, sur chine.

Monnier (Henry)

131. — Chansons de Béranger, grande suite. Dix-huit
pièces. Belles épreuves *coloriées*, à toutes marges.

132. — Récréations. Quinze pièces. Belles épreuves, *coloriées*. toutes marges.

Monnier, Charlet, Dedreux

133. — Une Victime de l'ancien système — L'Attente d'un
dîner — La Marmite renversée — Frontispice,
Album de 1823 — Que dit-on? — Léona. Onze
pièces. Belles épreuves, plusieurs coloriées.

Moreau le Jeune (d'après J. M.)

134. — Les Précautions, par P.-A. Martini — Le Pari gagné, par Camligua. Deux pièces.

135. — Le petit Lever — C'est un Fils, monsieur! — La Rencontre au Bois de Boulogne — Le Seigneur chez son Fermier. Quatre pièces par Baquoy, Halbou, etc. (sans marges).

Morin (Jean)

136. — Autriche (Anne d'), en veuve, d'apr. Ph. de Champaigne (R. D. 40). Superbe épreuve avec marges, remontée.

137. — Berthier (Pierre), d'apr. Ph. de Champaigne (R. D. 44). Superbe épreuve du 2e état, remontée.

138. — Grimberghe (Honorine de), d'après Ant. van Dyck (R. D. 56). Très belle épreuve du 1er état.

139. — Henri IV, roi de France (R. D. 60). Très belle belle épreuve.

140. — Lemon (Marguerite), d'après Ant. van Dyck (R. D. 62). Très belle épreuve du 2e état, grandes marges.

141. — Talon (Omer), d'après Ph. de Champaigne (R. D. 74. 2e état). Superbe épreuve, remontée.

142. — Vitré (Antoine), imprimeur, d'apr. Ph. de Champaigne (R. D. 88). Superbe épreuve, remontée.

143. — Médicis (Marie de), d'après Pourbus (R. D. app. 4). Très belle épreuve, marges.

Nattier (d'après J. M.)

144. — Parme (Lse El. de France, Dsse de) — Mme Marie-Henriette de France. Deux pièces par J. Tardieu et Baléchou. Belles épreuves.

145. — *Cette liqueur brillante et pure...* (Mme de?), par Joullain. In-fol.

Nanteuil (Robert)

146. — Bragelogne (Marie de). Vve de Cl. Le Bouthillier (R. D. 57. 4e état). Belle épreuve.

147. — Nesmond (Franç de), 1663 (R. D. 202). Très belle épreuve du 2e état sur 4.

Ostade (Adrien van)

148. — Le Peintre (B. 32) — La Famille (46). Deux pièces. Belles épreuves.

Oudry & Pater (par & d'après)

149. — Scène du *Roman Comique*, de Scarron. Vingt-et-une pièces in-fol., par et d'après Oudry. Belles épreuves.

150. — Scènes du *Roman Comique*, de Scarron. Vingt-deux pièces. Belles épreuves, une *avant la lettre*.

Paris (Estampes relatives à)

151. — Notre-Dame de Paris — Représentation de la fête célébré à Paris (à Notre-Dame) à l'occasion du Concordat — Almanach pour 1850 avec une figure de Mgr Affre — Cinq pièces par Janinet, Heiz, Collette et anonyme. Belles épreuves, *une impr. en couleurs*.

Passe (Crispian de)

152. — Les Eléments, suite de quatre pièces rondes pour *fonds de soucoupe*. Très belles épreuves.

Perelle (Gabriel)

153. — Les Saisons — Les Eléments — Le jeu de Colin-Maillard — Les Semailles — La Pêche, etc. Quatorze pièces. Très belles épreuves.

154. — Paysages et Vues composés. Cent soixante-cinq pièces la plupart en très belles épreuves.

155. — Paysages et Vues composés. Cent trente-cinq pièces, la plupart en belles épreuves.

Perrissin & Tortorel

156. — Colloque de Poissy — 2ᵉ, 3ᵉ et 4ᵉ charges de la Bataille de Dreux — Retraite de Dreux — Orléans assiégé — Le Duc de Guise blessé à mort — Exécution de Poltrot de Méré — La Paix à l'île aux Bœufs — Le Massacre de Nîmes. Dix pièces. Belles épreuves.

157. — Mort de Henri II — Bataille de Cognac — Bataille à La Roche en Limousin — Poitiers assiégé — Moncontour — St-jean d'Angély assiégé — Surprise de Nîmes — L'entreprise de Bourges — Passage du Rhône. Onze pièces. Belles épreuves.

158. — Scènes historiques — Batailles. Vingt-six planches mal conservées.

Picart (Bernard)

159. — Concert dans un Parc, 1709. Belle épreuve sans marges, d'une pièce rare et intéressante.

Pièces historiques

160. — Batailles ou Sièges d'Audenarde, Steenberg, Maestricht, Bonn, etc. Neuf pièces par Jacques Courtois et J. Mièle. Belles épreuves.

161. — *Tableaux et Plans des événements de la guerre entre les Autrichiens et les Russes contre les Turcs*, par Chr. de Mechel, 1790. — *A Geometrical view of the Grand Procession of the Scald Miserabe Mason's* (1re pl.), par A. Benoist.

162. — Bataille de Waterloo, par Romney, 1816 — Bonaparte traversant le département du Var — Les Cortès jurant fidélité à Ferdinand VII, roi d'Espagne — Le 30 juillet au Louvre. Quatre pièces rares.

163. — Portraits équestres de Napoléon Ier, Wellington, François II, Blucher, Frédéric de Prusse, Alexandre Ier, Bernadotte, Cte Platoff, etc. Vingt pièces par Romney, 1815. Belles épreuves, *coloriées*.

Portraits

164. — Portraits d'Evêques et de Prêtres français. Dix-huit pièces par G. Edelinck, J. Audran, Huret, J. G. Wille etc. Belles épreuves.

Prud'hon (d'après P. P.)

165. — Vénus et Adonis, par Jules Boilly. Très belles épreuves sur chine, toutes marges.

166. — Les Vendanges — Les Petits dévideurs — Les Saisons — Les Heures du Jour — Les Sciences et les Arts — Adresse de la Vve Merlen. Huit lithogra-

phies par J. Boilly, Aubry-Lecomte et Bellenger. Très belles épreuves de 1er tirage, sur chine ou sur teinte.

Rajon (Paul)

167. — Newman (Cardinal), d'après Ouless. In-fol. Très belle épreuve *avant toute lettre,* (piqûres dans les marges).

Schalcken (Godefroy)

168. — Portrait de Gérard Dow. Très belle épreuve du 1er état. Rare.

Schaufelein (Hans)

169. — Les Danseurs des nôces. Deux planches. Belles épreuves, une sur papier au P gothique.

Schenau (d'après) J. E.)

170. — L'Ouvrière en dentelle, par R. Gaillard. Très belle épreuve.

171. — L'Heureux serin — L'Ecureuil content. Deux pièces in-fol., par R. Gaillard, faisant pendants. Très belles épreuves.

Silvestre (Israël) & Perelle

172. — Vues de Paris, Lyon, Nancy, Dijon, Marseille, Grenoble, Fontainebleau. Vingt-cinq pièces. Très belles épreuves.

Smith (John)

173. — Sujets religieux -- Scènes mythologiques — Scènes de genre. Vingt-quatre pièces gravées en manière-noire d'après Téniers, Ostade, le Guide et autres. Très belles épreuves.

Steinlen (R. A.)

174. — Tête de Femme. Lithographie in-fol. Très belle épreuve sur chine volant, signée.

Suisse (Estampes relatives à la)

175. — Batailles — Scènes historiques. Treize pièces par Conrad Meyer, Herliberger et Hollzalb. Belles épreuves, rares.

Swart de Grœningue (Jan)

176. — Le Serment sur la nacelle (Pass. 1). Belle épreuve
de la seule pièce connue de ce maître néerlandais.
Très rare.

Vangorp (d'après)

177. — *C'est papa!* par R. De Launay. Très belle épreuve
à grandes marges.

Velde (J. & I. van de) & Visscher

178. — Le Bon Samaritain — Scènes de genre — Paysages
Animaux. Douze pièces. Belles épreuves.

Vignettes

179. — L'Amant de soi-même, par Pauquet, d'après
Monsiau (eau-forte pure) — Mme et Mlle Deshou-
lières, en tête de page, par Ponce d'apr. Marillier,
épreuve hors texte. Deux pièces.
180. — Vignettes in-4° pour les Œuvres de J. J. Rousseau.
Quarante-trois pièces dessinées par N. Monsiau,
Moreau le jeune et Cochin fils et gravées par Le
Mire, Choffard, Halbou et autres, plusieurs *avant
la lettre.*
181. — Culs-de-lampe pour l'*Histoire de France* d'Hénault,
1763, 5 vignettes *bors texte*, par J. M. Moreau le
jeune. En têtes armoiriés, trois pl. Ensemble huit
pièces. Très belles épreuves.
182. — En têtes et Fleurons, par E. De Ghendt, d'après
Eisen, pour les *Poésies pastorales de Léonard*
(tirage à part) — Vignettes d'après Prudhon par
Copia, pour un Roman de Lucien Bonaparte, 5 pl.
— Frontispice des *Fables de Boisard*, par A. de
Saint-Aubin, av. l. l. etc. Ensemble quatorze vignettes. Belles épreuves.

Watteau (d'après Ant.)

183. — Watteau (Ant.), d'après lui-même, par F. Boucher.
In-fol. Belle épreuve.
184. — Louis XIV mettant le Cordon bleu à M. de Bour-
gogne, par N. de Larmessin (E. de G. 50).
Épreuve ancienne (mouillures).
185. — La Finette, par B. Audran (E. de G. 83). Belle
épreuve à grandes marges.

186. — Iris, c'est de bonne heure avoir l'air à la danse, par Cochin (E. de G. 175). Très belle épreuve, grandes marges.

187. — L'Amour paisible, par De Favanne (E. de G. 103) — Le Galant jardinier, par le même (143). Deux pièces. Belles épreuves à grandes marges.

188. — *Iris c'est de bonne heure avoir l'air à la danse...* — La Joye du Theastre — Couronnement d'une rosière. Trois pièces, par Cochin, Crepy et un anonyme, la dernière non terminée. Belles épreuves.

189. — La Villageoise — Le Docteur — Acis et Galathée — Scènes chinoises, etc. Quinze pièces par Audran, Aveline, Aubert, Jeaurat.

DESSINS

Divers

190. — Académies — Etudes diverses. Onze dessins par F. Verdier, Vanloo, Natoire, Dandré-Bardon.

Watteau, de Lille

191. — Compositions — Etudes de figures entières, têtes, draperies et croquis divers. Vingt-huit dessins ou croquis au crayon noir, quelques-uns avec rehauts de craie ou de sanguine.

192. — Sous ce numéro il sera vendu environ 1200 portraits anciens et modernes. Ce numéro pourra être divisé.

193. — Sous ce numéro il sera vendu par lots environ 1500 estampes diverses.

194. — Sous ce numéro il sera vendu 300 dessins et croquis. Ce ne pourra être divisé.

IMP. DE LA GAZETTE DES BEAUX-ARTS, 8, RUE FAVART.